DECLARATION DV ROY,

SVR LES ATTENTATS ET ENTREPRISES

commises contre son Estat, par aucuns du Comté
de Bourgongne, auec les asseurances de conserua-
tion & protectió que sa Majesté promet aux Villes,
Communautez, Gentils-hómes, & à tous les Ordres dudit pays, qui voudront obseruer inuiola-
blement le Traicte de Neutralité, & se despartir à
l'aduenir de tous actes d'hostilité contre ses subiects, & d'intelligence auec ses ennemis.

A PARIS,

Par PIERRE ROCOLET, P. METTAYER,
& A. ESTIENE, Imprimeurs
ordinaires du Roy.

Au Palais en la Gallerie des Prisonniers, aux
Armes du Roy & de la Ville.

M. DC. XXXVI.

Auec priuilege de sa Majesté.

OVIS par la grace de Dieu, Roy de France & de Nauarre, A tous ceux qui ces presentes Lettres verront, Salut. Bien que les entreprises & vsurpations manifestes des Espagnols, & de leurs adherants contre la France, & ses alliez, iustifient assez la guerre que nous auons esté obligez de declarer contre le Roy d'Espagne, ses vassaux & sujets, & nous fournissent des causes legitimes de prendre nos aduantages sur tous ceux qui les fauorisent & assistent: Neantmoins comme l'on a veu que depuis l'ouuerture de la

A ij

guerre, nous auons touſiours main-
tenu, & fait religieuſement obſer-
uer le Traitté de Neutralité faict en
l'annee mil ſix cens dix, entre Nous,
& ceux du Comté de Bourgongne,
maintenant que les frequentes infractions par eux commiſes, nous
obligent à preuenir par les armes les
mauuais effects qu'vne plus longue
tollerance pourroit produire au prejudice de nos affaires: Nous auons
voulu pour donner à la ſatisfaction
publique, auſſi-bien qu'à la Noſtre
propre, ce que nous croyons luy
eſtre deu, auparauant que d'execu-
ter la reſolution que nous auons
priſe, de faire entrer nos armes dans
ledit pays de la Franche Comté, en
faire cognoiſtre à tout le monde les
iuſtes mouuemens, & particuliere-
ment aux Ordres dudit pays, & à

leurs voiſins, nos alliez & confederez, afin que l'intereſt qu'ils y peu-
uent prendre, ne leur en face pas
donner vn iugement contraire à la
verité, & à la droicture de nos intentions, ne doutant pas que la ſin-
cerité de noſtre procedé eſtant co-
gneuë, elle ne conuie de bonne
heure tous les Habitans dudit pays,
à s'accommoder à nos volontez,
pour preuenir les maux qui leur
ſont ineuitables dans les efforts de
la guerre: Car bien qu'il n'y ait rien
dont l'offence ſoit plus ſenſible que
l'infraction des traittez, Nous auós
toutesfois touſiours differé de porter nos armes dans le pays des Comtois, iuſques à ce que nous ayons re-
cogneu qu'vne plus longue patien-
çe eſtoit trop preiudiciable à nos affaires, & trop aduantegeuſe à celles

A iij

de nos ennemis, & nous ne pouuons douter que le iugement des plus sages d'entr'eux, & de tous leurs voisins & alliez, ne tombe dans ces sentimens, lors que par ces presentes ils auront apris auec combien de violences, mespris, & scandales ils se sont portez en ces années dernieres à la rupture & infraction dudit Traitté du douziesme Septembre mil six cens dix. Il y a enuiron cinq ans qu'aucuns de nos subiects s'estans soustraicts de nostre obeissance, Les Comtois ne se contenterent pas de leur dóner retraitte, sans nous en auoir donné aucun aduis : mais leur fournirent tout ce qui pouuoit leur ayder à pousser plus auant les pensees qu'ils auoient contre nostre seruice : Nous auions toutesfois resolu d'estoufer ceste faute, plustost

que de la releuer contre vne Pro-
uince entiere, eftimant que peu de
gens mal affectionnez à leur patrie
y auoient part? Mais depuis au lieu
que noftre bonté les deuoit rendre
retenus à ne fe plus porter à aucune
chofe qui la peuft alterer , ils ont
continué à faire tout leur poffible
pour preiudicier à nos affaires, & ap-
puyer celles des ennemis. Le Duc
Charles qui n'eft pas moins cognu
pour auoir attenté contre Nous vne
infigne felonnie comme noftre vaf-
fal, que par fa mauuaife volonté
contre la France, ayant rompu les
Traittez par lefquels nous auions
voulu faire reparer fon premier cri-
me,a receu dans ledit Comté, toute
l'affiftance qu'il en a defirée. Et en
fuitte ayant repris les armes contre
Nous, par l'impatience de fon pro-

pre bien. Ils l'ont accueilly, armé, &
augmenté ses forces, luy ont fourny
des viures, des munitions, hommes,
& argent, & en toutes occasions
l'ont traicté comme leur meilleur
amy, & pour luy donner moyen de
se seruir contre Nous des garnisons
de Brizac, & Porentru, Ils n'ont
point fait de difficulté d'y enuoyer
trois mil hommes de leur milice,
pour r'emplacer les Soldats qui
en ont esté tirez pour ioindre aux
trouppes dudit Duc, & asseurer en
leur absence la garde de ces places,
continuant tous les iours de nouuel-
les assistances, tant audit Duc, qu'à
tous ceux qui se sont armez contre
Nous, & au mesme temps qu'ils al-
loient au deuant de nos ennemis
pour leur offrir & porter des viures,
& des armes, ils ont refusé celles qui
apparte-

appartenoient à nos subjects, ainsi qu'il a esté pratiqué en la personne du Cheualier de Treilly, auquel ils ont desnié celles qu'il auoit laissé chez eux, en passant à nostre seruice. Le munitionaire general de nos armees appellé Roze, n'y a pas trouué plus de courtoisie, lors qu'il leur a demandé des bleds pour nostre seruice, en payant, & depuis peu en ayant achepté de gré à gré, des Marchands dudit pays, ils n'ont pas eu plustost contracté auec luy qu'il leur a esté fait deffence à peine de la vie, de luy desliurer aucun grain, plusieurs de nos subjects estans allez parmy ceux dudit Comté, pour trafiquer de bleds, vins, & autres denrees dont le commerce est permis, y ont esté non seulement troublez & empeschez au preiudice de

la liberté du trafficq. Mais encores
ont souffert publiquement des ou-
trages & exceds, & n'en ont peu ti-
rer aucune raison, ny reparation,
quelques poursuittes qu'ils ayent
faites pardeuant les Iuges des lieux,
les Bourgs, & Villages de nostre
frontiere dans lesquels nos subjects
se tenoient en seureté, soubs la foy
de ladite neutralité, ont esté vollez
& pillez par lesdits Comtois, qui en
ont enleué auec violence nombre
d'habitans qu'ils ont mis dans leurs
prisons, desquelles ils n'ont peu sor-
tir qu'en leur payant rançon comme à des ennemis declarez, dequoy
les informations iurisdiquement
faictes à la requeste des Villages du
fay Billot, de Foucheran, & plusieurs autres de nostre Comté d'Au-
xonne, font amplement foy. Ils

ont porté leurs attentats iusques
contre nos Officiers, & sur les deni-
ers de nos receptes, ayans rompu les
coffres du Receueur de nos droicts
au Bureau de sainct Seyne, enleué
l'argét qui s'y est trouué, emprison-
né & rançonné nosdits Officiers, &
exercé tous actes d'hostillité contre
nos subjects, sans auoir eu aucun
esgard aux instances que nous leur
auons faict faire par des personnes
enuoyées expres, de tenir vne meil-
leure códuite, s'imaginans que dans
les grandes affaires que nous souste-
nons, nos iustes ressentimens de tant
d'infractiós, ne passeroient pas iusques aux effects, & ce qui tesmoi-
gne d'auantage la mauuaise volonté d'aucuns des habitans dudit pays
contre la France, est, que comme ils
ont apris l'amas des trouppes que

nous auions deſtinées pour le ren-
fort de noſtre armée d'Italie. Ils ont
auſſi-toſt faict des leuées de toutes
parts, pris les armes, muny & fortifié
leurs places, cóme il ſe praticque à la
venuë des ennemis, ce qu'eſtát bien
aueré, comme faict à veuë de tout le
monde, ainſi que toutes les choſes
que nous auons remarquées, & voulans preuenir les effects de ſi perni-
cieuſes intentions, & oſter à nos ennemis les moyens qu'ils ont eu iuſques icy de ſe preualoir cótre nous,
de tant de commoditez qu'ils ont
tirées dudit pays de la Franche-
Comté par la malice de leurs adhe-
rans, & la facillité des peuples SÇA-
VOIR FAISONS par ces preſentes
ſignees de noſtre main que NOVS
POVR CES CAVSES & autres grandes
conſiderations à ce nous mouuans:

Auons refolu & arrefté de faire paf-
fer dans ledit pays de la Franche-
Comté l'armée que nous faifons af-
fembler fur nos frontieres de Chá-
pagne, & de Bourgongne: Dont
nous auons donné le commande-
mét à Noftre tres-cher, & tres-amé
Coufin le Prince de Condé, Premier Pair de France, Gouuerneur
& noftre Lieutenant General en
Berry, Bourgongne, & Breffe: Laquelle nous ne voulons pas eftre
employée à conquerir la Franche-
Comté, n'en ayant aucun deffein,
mais feulement à faire reparer les
infractions dudit Traitté de Neutralité, & à obliger ceux dudit pays
à donner la mefme affiftance à nos
armes, qu'ils ont rendu à nos ennemis, par toutes les voyes que la Iu-
ftice & la raifon permettent, entre

B iij

lefquelles nous prefererons tou-
fiours celles de la douceur à toutes
autres , Noftre intention n'eftant
pas d'y auoir recours fi nous n'y
fommes contrainĉts par le refus que
ceux dudit Comté pourroient faire
de reparer les iniures & offéces que
nos fujets, & noftre Eftat ont receu
d'eux : Declarants que nous n'en-
tendons faire la guerre, n'y aucune
violence à ceux qui s'y porteront
volontairement, n'y changer, & alterer en aucune maniere la liberté
des Ecclefiaftiques, Gentils-hom-
mes, Officiers, Communautez, &
tous autres Habitans dudit pays,
Voulans en ce cas, que tous leurs
priuileges, exemptions & immuni-
tez, leurs foient inuiolablemét gar-
dées : Et que les Princes nos amis,
alliez & confederez cognoiffent

auec tous ceux qui iugeront saine-
ment de nos desseins, qu'ils ne ten-
dent qu'à garentir de trouble nos
subjets, & tous ceux qui sont sous
nostre protection, en retranchant
aux ennemis les aduantages qu'ils
retirent continuellemét dudit païs,
au grand prejudice de la cause com-
mune, à la deffence de laquelle nos
forces sont si legitimement em-
ployées. SI DONNONS EN MAN-
DEMENT à nostredit Cousin le
Prince de Condé, nostre Lieutenát
General en nostredite armée, de faire plainement & entierement exe-
cuter nostre volonté, portée par ces-
dites presétes. Car tel est nostre plai-
sir. En tesmoin dequoy nous y auós
fait mettre nostre seel. Donné à
Chantilly le septiesme iour du mois
de May, l'an de grace mil six cents

trente-ſix, & de noſtre regne le vingtſixieſme.   Signé, LOVIS. Et plus bas, par le Roy, SVBLET, Et ſeellé en cire jaune ſur double queuë.